31

RECETTES À BASE

DE CHOCOLAT

AKIKO SAKATA

S'ils n'ont pas de pain, qu'ils mangent du chocolat !

パンがなければ、チョコレートを食べればいいじゃない!

この本の決まりごと

分量

計量カップ　　1カップ = 200cc
計量スプーン　大さじ1 = 15cc
計量スプーン　小さじ1 = 5cc

［1ccは1mlです］
＊計量スプーンで粉類などを量るときは、
　すりきりにしてください。

材料について

- バターは塩分不使用の無塩バターを使います。
- 卵はMサイズです。

焼き時間

本書で表示している焼き時間は目安です。
機種によって異なることもあるので、
お使いの機種によって様子を見ながら加減してください。

下準備について

- 卵やバターは室温に戻しておきます。
- 薄力粉やベーキングパウダー、アーモンドパウダー
　などの粉類はふるっておきます。
- サブレやタルト生地に使うバターは角切りにして、
　冷蔵庫または冷凍庫でよく冷やしておきます。
- 絞り出し袋を使う場合は、口金をつけておきます。
- オーブンでお菓子を焼くときは予熱して焼きます。
　たとえば「180℃のオーブンで」とある場合は、180℃で
　予熱し、庫内温度が180℃に達した状態で焼いてください。

Truffes au Chocolat	7	トリュフチョコレート
Amandes au Chocolat	9	アマンドショコラ
Orangettes	11	オランジェット
Pommes au Chocolat	15	ポムショコラ
Truffes au Caramel Salé	20	塩キャラメルのトリュフ
Truffes Blanches au Citron	21	レモントリュフチョコレート
Chocolat Blanc aux Figues aux Fraises	23	いちじくといちごのホワイトチョコレート
Caramels au Chocolat	25	チョコレートのキャラメル
Sablés au Chocolat	27	チョコレートサブレ
Pavés au Chocolat	31	パヴェ・オ・ショコラ
Choux à la Crème au Chocolat	34	ショコラシュークリーム
Profiteroles au Chocolat	38	ショコラプロフィットロール
Dacquoises au Chocolat	41	チョコレートのダックワーズ
Macarons Framboise Fourrés Chocolat	44	フランボワーズとチョコレートのマカロン
Sablés Florentins au Chocolat	47	フロランタンサブレ
Soufflé au Chocolat	49	チョコレートスフレ
Bavarois Chocolat-Orange	53	チョコレートとオレンジのババロア
Mousse au Chocolat	55	チョコレートムース
	57	プティポーショコラ
Glace au Chocolat-Caramel	59	キャラメルチョコレートアイスクリーム
Quatre-quarts au Chocolat Noir et à l'Orange	63	ダークチョコマーマレードパウンドケーキ
Quatre-quarts au Chocolat Blanc et au Citron	65	ホワイトチョコレートとレモンのパウンドケーキ
Terrine de Chocolat aux Cerises	68	チョコレートとさくらんぼのテリーヌ
Boissons au chocolat	70	チョコレートの飲み物
Kouglof au Chocolat à la Banane	77	チョコレートバナナクグロフ
Fondant au Chocolat	79	ショコラフォンダン
Gâteau Étagé Classique au Chocolat	82	クラシックチョコレートケーキ
Tarte au Chocolat et à la Banane	85	タルトショコラバナーヌ
Gâteau Roulé au Chocolat et au Café Mocha	86	チョコレートモカロールケーキ
	74	ラッピングのアイデア
	90	チョコレートについて
	91	チョコレートの取り扱いについて
	92	チョコレートのお菓子作りに使う材料
	93	チョコレートのお菓子作りに使う道具
	94	おわりに

Truffes au Chocolat

トリュフチョコレート

チョコレートの定番、トリュフの名前は
あの高級きのこのトリュフと形が
似ていることからきています。
ブランデーの香りで大人のお菓子に仕上げました。

材料：直径2cmのもの、約25個分

 クーベルチュールチョコレート
 （カカオ分60％のもの）　　　　　140g
 生クリーム　　　　　　　　　　　70cc
 ブランデー　　　　　　　　　　　大さじ1

 コーティング
 クーベルチュールチョコレート（スイート）200g

 ココアパウダー　　　　　　　　　適量

----

1. チョコレートは細かく刻んでボウルに入れる。

2. 鍋に生クリームを入れて火にかけ、沸騰したら火を止めて1に加える（a）。ゆっくりとやさしく混ぜながらチョコレートを溶かし、ブランデーを加えて混ぜる。

3. バットに流し入れ（b）、冷蔵庫で1時間ほど冷やす。

4. 手を氷水で冷やしながら、3を直径2cm程度の大きさに丸め、オーブン用シートを敷いたバットに並べていく（c）。そのまま冷蔵庫で冷やす。

5. コーティング用のチョコレートを細かく刻む。半量をボウルに入れ、50～60℃の湯せんにかけて溶かす。残りのチョコレートを加えて余熱で溶かし、テンパリングする（P.91参照）。

6. 4をフォークで取り、5にくぐらせて天板を下に敷いたケーキクーラーに並べていく（d）。

7. 少し固まってきたら、ココアパウダーを入れたバットに入れ、転がすようにしてココアパウダーをまぶす（e）。冷蔵庫に入れて冷やし固める。

à Gien / Amandes au Chocolat

アマンドショコラ

香ばしいキャラメルで包んだアーモンド。
カリッとした食感もおいしさに加えて。

材料：作りやすい分量

アーモンド（皮つき）	200g
グラニュー糖	80g
水	大さじ2
バター	15g
クーベルチュールチョコレート（スイート）	170g
クーベルチュールチョコレート（ミルク）	80g
ココアパウダー	60〜70g

----

1. アーモンドは160℃のオーブンで20分ほどローストしておく。

2. 鍋にグラニュー糖と水を入れ、沸騰させる（a）。グラニュー糖がすべて溶け、少し煮詰まってきたところに1を加える。

3. 木べらで絶えず混ぜると、砂糖が白っぽく結晶化してくる（b）。さらに混ぜ続けると砂糖の結晶が再び溶けてキャラメル状になる。

4. 全体が濃い茶色になってきたら、バターを加えて混ぜる（c）。

5. 天板にオーブン用シートを敷いて、4を広げる。しばらくおいて固まってきたら、軍手をして、両手でひと粒ひと粒を離し（d）、完全に冷ます。またはナイフでひと粒ひと粒離してもよい。

6. チョコレートはそれぞれ細かく刻んで同じボウルに入れ、50〜60℃の湯せんにかけて溶かす。

7. 溶かしたチョコレートの1/3量と5のアーモンドを別のボウルに入れ、ボウルの底に氷水を当てながら、絶えず混ぜてチョコレートをまぶす（e）。チョコレートが固まってきたら氷水を外したり、再び当てたりしながら混ぜる。表面が固まり、筋状の模様がついてきたら（f）、残りの半量のチョコレートを加え、氷水に当てて混ぜる。また表面が固まってきたら、残りのチョコレートをすべて加えて同様に混ぜる。

8. 最後に加えたチョコレートが固まってきて表面が少し乾き始めたら、ココアパウダーを入れたバットに移して広げる。手でアーモンドをすくうようにして、ひと粒ひと粒ほぐしながらココアパウダーをまんべんなくまぶす（g）。冷蔵庫に入れて冷やし固める。

Orangettes

オランジェット

甘く煮た後、しっかり乾燥させるのがコツ。
爽やかな香りとオレンジの苦みをチョコレートで
引き立てます。ワインに合わせても。

材料：作りやすい分量

オレンジ	2個
グラニュー糖	300g
水	100cc
グランマルニエ	大さじ1
クーベルチュール チョコレート（スイート）	200g

1. オレンジは皮をよく洗い、皮の部分にところどころ竹串で浅く穴をあける。

2. オレンジを沸騰した熱湯に入れ、1〜2分ゆでて一度ゆでこぼす（a）。こうすることで、ワックスや苦みを取り除く。

3. 水気を拭き取ったオレンジは5mm厚さに切り（b）、鍋に入れる。半量のグラニュー糖と水を加えて火にかけ、煮立ってきたら弱火にし、ペーパーで落としぶたをして30分煮る。皮が少し透明な感じになってきたら、残りのグラニュー糖を加え（c）、さらに30〜40分煮る。

4. 火を止めてグランマルニエを加え、そのまま一晩ほど置く（d）。

5. 天板にオーブン用シートを敷いて、水気をきった4を重ならないように並べる（e）。100℃の低温にしたオーブンで30分乾燥焼きする。裏返し、さらに30分乾燥焼きする。ケーキクーラーに取り、翌日まで乾燥させる。

6. チョコレートを細かく刻む。半量をボウルに入れ、50〜60℃の湯せんにかけて溶かす。残りのチョコレートを加えて余熱で溶かし、テンパリングする（P.91参照）。

7. 5のオレンジの半分にチョコレートをつけ、オーブン用シートを敷いたバットに並べる（f）。冷蔵庫に入れて冷やし固める。

a

b

c

d

e

f

à Gordes

Pommes au Chocolat

Pommes au Chocolat

ポムショコラ

りんごとりんごから作られるお酒、カルバドス。
ふたつを繋ぐのは、ビターなチョコレート。
やわらかな食感のやさしいお菓子です。

材料：作りやすい分量

りんご	2個
グラニュー糖	120g
レモン汁	小さじ1～2
水	120cc
カルバドス	小さじ2
クーベルチュール チョコレート（スイート）	200g

1. りんごは8等分のくし形に切り、皮をむいて芯を取り除く。さらに半分に切る（a）。

2. グラニュー糖のうち80gとレモン汁、りんごを鍋に入れて火にかける。沸騰してきたら絶えず混ぜながら加熱し、グラニュー糖が全部溶け、うっすらと全体に焦げ色がついてくるまで強めの中火で煮る（b）。

3. キャラメル色になってきたら、水と残りのグラニュー糖を加え（c）、水分が少なくなるまで煮る。火を止めてカルバドスを加える。

4. 天板にオーブン用シートを敷いてりんごを並べ、100℃のオーブンで1時間乾燥焼きにする（d）。

5. チョコレートを細かく刻む。半量をボウルに入れ、50～60℃の湯せんにかけて溶かす。残りのチョコレートを加えて余熱で溶かし、テンパリングする（P.91参照）。

6. 4をフォークに取り、チョコレートにくぐらせてオーブン用シートを敷いたバットに並べる（e）。冷蔵庫に入れて冷やし固める。

a

b

c

d

e

むかしむかしの15世紀

チョコレートの原料とされるカカオは貨幣として

流通するほどに珍重されていたのだとか。

マヤ族の人々は、薬や強壮剤としても使用していたらしい。

その後、ヨーロッパに広まることになるのだけど、

それはかの有名なコロンブスによって

スペインにカカオが紹介されたようである。

ふうむ。

ヨーロッパでチョコレートといえば、ベルギーやフランス、

オーストリアなどを想像するけれど、

最初にチョコレートを飲み物として楽しんでいたのは

なんとスペインの王侯貴族。

マヤ族の修道士がスペイン皇太子のもとに

チョコレートを持って訪れたとされている。

さらにその後、

フランス王ルイ13世がスペイン王の娘、アンヌと結婚する際に、

アンヌがチョコレートを持って嫁入りしたとか。

いよいよフランスに渡るチョコレート！

続いてフランス王ルイ14世もチョコレート好きのスペイン王女と結婚。

なんとチョコレートの飲み物を作る道具とショコラティエも連れて

輿入れしたらしい。

あのマリー・アントワネットだって、

菓子職人をウイーンから連れて輿入れしたとされているし、

マリーも大好きだったであろう、マカロンやアイスクリームも

国際結婚をきっかけにイタリアからフランスに入ってきたお菓子。

そこから今のフランス菓子のような洗練された形に変え、

もはやもとから自国で生まれたお菓子のようにするのが、

wフランスのすごいところ。

その頃のヨーロッパのお菓子はどんどんパリに集結され、

そして洗練されていく。

チョコレートはその後、オランダで今のココアパウダーが生まれ、

口当たりのよい軽やかな飲み物として愛されるようになっていき、

イギリスで固形のチョコレートが作られるようになる。

なんと板チョコレートはイギリスから生まれたの!?

そこからドイツ、スイス、ベルギー、そしてアメリカに日本…エトセトラ。

世界中でチョコレートが愛されることになるわけ。

チョコレート。

はるか昔のマヤ文明の頃からカカオが栽培され、

それから様々な国の文化が入り混じり、

その都度人々を魅了する唯一無二の素材。

チョコレートはその昔、媚薬とされていたというのもうなずける。

愛を伝えるお菓子の代表格だし、

なんといってもひと口食べたら、誰もが魅了されてしまうお菓子だもの。

Truffes au Caramel Salé , Truffes Blanches au Citron

à Gordes

Truffes au Caramel Salé

塩キャラメルのトリュフ

ガナッシュに塩とキャラメルの風味でアクセントを。
ツンとした形にかわいく仕上げました。

材料：直径2cmのもの、約40個分

　クーベルチュールチョコレート
　（カカオ分60%のもの）　　100g
　グラニュー糖　　　　　　　40g
　水　　　　　　　　　小さじ1/2
　生クリーム　　　　　　　　50cc
　バター　　　　　　　　　　20g
　水あめ　　　　　　　　　　20g
　塩　　　　　　　　　　　　1g

　コーティング
　クーベルチュールチョコレート（スイート）　100g

---

1. チョコレートは細かく刻んでボウルに入れる。

2. 鍋にグラニュー糖と水を入れて火にかける。茶色に焦げてきたら鍋をゆすりながら、全体が濃い茶色になるまで加熱する。

3. 生クリーム、バター、水あめ、塩を加え（a）、鍋をゆすって全体を混ぜる。

4. 1のボウルに3の半量を少しずつ加えて混ぜ、チョコレートを溶かす（b）。すべて溶けたら残りを加えて混ぜる。バットに流し入れ、粗熱を取ったら冷蔵庫に入れて冷やし固める。

5. 絞れるくらいの固さに冷えたら、丸形の口金をつけた絞り出し袋に入れる。オーブン用シートを敷いたバットに、直径2cmほどの大きさに絞り出す。そのまま冷蔵庫でしっかりと冷やし固める。

6. コーティング用のチョコレートを細かく刻む。半量をボウルに入れ、50～60℃の湯せんにかけて溶かす。残りのチョコレートを加えて余熱で溶かし、テンパリングする（P.91参照）。5をフォークに取り、チョコレートにくぐらせてオーブン用シートを敷いたバットに並べていく。

7. 冷蔵庫に入れて冷やし固める。

a

b

レモントリュフチョコレート

レモンの香りをホワイトチョコレートに移したトリュフ。
口の中に広がる爽やかな風味が楽しめます。

材料：直径2cmのもの、約50個分

クーベルチュールチョコレート（ホワイト）	180g
生クリーム	80cc
レモンの皮（国産）	1個分
水あめ	10g
レモンチェッロ	小さじ2
レモンピールのシロップ煮（市販品）	15g

コーティング

クーベルチュールチョコレート（ホワイト）	200g
レモンの皮の細切り	適宜

1. ホワイトチョコレートは細かく刻んでボウルに入れる。

2. 生クリームとレモンの皮を鍋に入れて弱火にかけ（a）、ゆっくりと加熱する。沸騰したら火を止めてふたをし、5分ほど蒸らす。

3. 1のボウルに2を漉しながら加えてチョコレートを溶かす。溶けきらないようなら50～60℃の湯せんにかけて溶かす。

4. 水あめ、レモンチェッロ、刻んだレモンピールのシロップ煮を加えて混ぜる（b）。特にホワイトチョコレートは、レモンチェッロなど水分を加えると分離しやすくなる。分離した場合は、生クリーム（分量外）を小さじ1くらい加えて混ぜるとよい。バットに流し入れ、丸めやすい固さになるまで冷蔵庫で冷やす。

5. 4をスプーンですくって手に取り、直径2cm程度の大きさに丸め、オーブン用シートを敷いたバットに並べていく。

6. コーティング用のチョコレートを細かく刻む。半量をボウルに入れ、50～60℃の湯せんにかけて溶かす。残りのチョコレートを加えて余熱で溶かし、テンパリングする（P.91参照）。5をフォークに取り、チョコレートにくぐらせてオーブン用シートを敷いたバットに並べていく。固まりかけてきたらレモンの皮の細切りをつける。

7. 冷蔵庫に入れて冷やし固める。

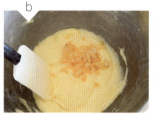

Chocolat Blanc aux Fugues aux Fraises

いちじくといちごの
ホワイトチョコレート

甘酸っぱいいちごと
つぶつぶしたいちじくの食感を
ホワイトチョコレートにとじ込めました。

材料：直径3cmのもの、約10個分

クーベルチュール
チョコレート（ホワイト）　150g
ドライいちじく　　　　　　60g
フリーズドライいちご　　　5g

1. ホワイトチョコレートは細かく刻む。半量をボウルに入れ、50〜60℃の湯せんにかけて溶かす。残りのチョコレートを加えて余熱で溶かし、テンパリングする（P.91参照）。

2. ドライいちじくを小さく刻む（a）。フリーズドライいちごは縦に半分に切る。

3. 1に2を加え、全体を混ぜる（b）。

4. ボウルの底に氷水を当てたり外したりしながら、少し温度を下げてゆっくりと混ぜる（c）。全体にチョコレートがからまってくるまで繰り返す。

5. バットにオーブン用シートを敷き、スプーンですくって並べる（d）。冷蔵庫で1時間ほど冷やし固める。

Caramels au Chocolat

チョコレートのキャラメル

そっとひと粒口に含めば、
カカオの風味が広がる大人のキャラメルです。

材料：3cm×3cmのもの、約20個分

グラニュー糖	160g
水	大さじ2
生クリーム	100cc
バター	40g
水あめ	70g
はちみつ	40g
塩	ひとつまみ
クーベルチュール チョコレート（スイート）	80g
ココアパウダー	5g

---

1. 鍋にグラニュー糖と水を入れて火にかける。沸騰して色づいてきたら、鍋をゆすりながら全体が濃いキャラメル色に焦げるまで加熱する（a）。

2. 生クリーム、バター、水あめ、はちみつ、塩を加え（b）、鍋をゆすって全体を混ぜ、沸騰させ続けて煮詰める。

3. 煮詰まってきたら少量を氷水に落とし入れ、すぐに固まって指で丸められるくらいの固さ（c）になったら火を止める。煮詰まりすぎるとかたくなるので注意する。

4. 細かく刻んだチョコレートとココアパウダーを3に加え、チョコレートを溶かしながら全体を混ぜる（d）。

5. オーブン用シートを敷いたバットに流し入れ（e）、とんとんと数回下に落として空気を抜く。切れるくらいの固さになるまで、冷蔵庫で冷やし固める。

6. バットから取り出し、熱湯でナイフを温めながら3cm角に切り分ける（f）。セロファンに包む。

a

b

c

d

e

f

Sablés au Chocolat

チョコレートサブレ

サクサクに仕上げるコツは、少しのコーンスターチ。
ほろ苦いサブレに、甘酸っぱい赤いジャムをはさんで、
少しおしゃれにおめかしします。

材料：直径7cmほど、約12枚分

　　クーベルチュール
　　チョコレート（スイート）　　60g
　　バター　　　　　　　　　　100g
　　粉糖　　　　　　　　　　　50g
　　卵黄　　　　　　　　　　　1個分
　　コーンスターチ　　　　　　20g
　　ココアパウダー　　　　　　15g
　　薄力粉　　　　　　　　　　180g
　　塩　　　　　　　　　　　　ひとつまみ
　　打ち粉（強力粉）　　　　　適量
　　ラズベリージャム　　　　　150g

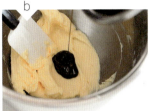

1. チョコレートは細かく刻み、50〜60℃の湯せんにかけて溶かす。粗熱を取っておく。

2. バターは室温でやわらかくしておき、ゴムベラでやわらかくなるまで練る（a）。

3. 2に粉糖を加え、空気を含ませるようにふんわりと白っぽくなるまで泡立て器ですり混ぜる。

4. 卵黄を加えて混ぜ、1のチョコレートを加えて混ぜる（b）。合わせてふるったコーンスターチ、ココアパウダー、薄力粉、塩を加え、ゴムベラでボウルの底に押しつけるようにして全体を混ぜる（c）。

5. ひとまとめにしてラップに包み、冷蔵庫で2時間ほど休ませる。

6. 打ち粉をふった台に置き、ポロポロしやすいので、手で温めながら台の上で数回練るとよい。5mm厚さにめん棒で伸ばす（d）。

7. 直径7cmの花型で抜く（e）。抜いたうちの半量は、真ん中を直径3〜4cmの花型で抜く（f）。オーブン用シートを敷いた天板に並べる。180℃のオーブンで10〜15分焼く。焼きあがったらケーキクーラーに取り出して、粗熱を取る。

8. ラズベリージャムを小鍋に入れ、水大さじ1（分量外）を加えて中火にかけ、5〜6分煮詰める。

9. 7の粗熱が取れたら、真ん中を抜いていないほうに8をのせる（g）。真ん中を抜いたほうのサブレを上にのせてはさむ。

à Beaune / Pavés au Chocolat

28

à Gien

Pavés au Chocolat

パヴェ・オ・ショコラ

オーブンから取り出すと、どんどんひびが入ります。
その様子はまさに石畳、パヴェ（pavé）のよう。
しっとりと、なのにさっくり軽やか。
食感を楽しむ、不思議な焼き菓子です。

材料：28cm×28cmの天板1枚分

クーベルチュール	
チョコレート（スイート）	100g
バター	70g
卵黄	2個分
全卵	1個
グラニュー糖（生地用）	40g
薄力粉	5g
卵白	2個分
グラニュー糖（メレンゲ用）	60g
ココアパウダー	適量

---

1. ボウルに細かく刻んだチョコレートと小さく切ったバターを入れて、50〜60℃の湯せんにかけて溶かす。

2. 別のボウルに卵黄と全卵を入れ、生地用のグラニュー糖を加えて泡立て器で混ぜる。湯せんにかけて白っぽくなるまでふんわりと泡立てる（a）。

3. 2に1を加えて混ぜ（b）、ふるった薄力粉も加えてさっくりとゴムベラで全体を混ぜる。

4. 別のボウルに卵白を入れ、軽くふんわりとするまで泡立てる。メレンゲ用のグラニュー糖を3〜4回に分けて加えながら、しっかりとツノが立つまで泡立てる。

5. 3の生地に4を1/3量加えて（c）よく混ぜ合わせてから、残りのメレンゲをすべて加える。ボウルを回しながらムラのないようにゴムベラで混ぜる（d）。

6. 天板にオーブン用シートを敷き、生地を流し入れる。カードで平らにならし（e）、170℃のオーブンで10分焼き、その後150℃に温度を下げてさらに15分焼く。

7. 焼きあがったらケーキクーラーに取る。粗熱が取れたら3cm角に切り目を入れ（f）、ココアパウダーをふる。

à Chateauneuf

Choux à la Crème au Chocolat

ショコラシュークリーム

シュー生地にたっぷりのココアを混ぜて。
クリームはグランマルニエをきかせたチョコクリームです。

材料：直径6cmのもの、約18個分

シュー生地		チョコレートカスタードクリーム	
バター	60g	牛乳	500cc
牛乳	60cc	バニラスティック	1/2本
水	60cc	卵黄	6個分
塩	3g	グラニュー糖	125g
グラニュー糖	小さじ1	薄力粉	50g
ココアパウダー	5g	クーベルチュール	
薄力粉	30g	チョコレート（スイート）	60g
強力粉	30g	バター	30g
卵	2〜3個	グランマルニエ	小さじ2
アーモンドダイス	適量	生クリーム	100cc

1. シュー生地を作る。鍋にバター、牛乳、水、塩、グラニュー糖を入れて中火にかける。沸騰してバターがすべて溶けたところで、合わせてふるったココアパウダーと粉類を一度に加える（a）。

2. 中火にかけながら木べらで手早く混ぜる。生地が転がせるくらいにまとまり、鍋底に薄く生地の膜が張るくらいになったら（b）、火を止めてボウルに移す。

3. 卵はよく溶きほぐし、2に少しずつ加えては混ぜ（c）、なめらかになるまで混ぜる。これを繰り返し、生地を木べらで持ち上げたときに、生地が三角形を作りながらゆっくり落ちるくらいの固さになったら卵を加えるのをやめる（d）。足りなければ卵を足して目安の固さになるまで混ぜる。

4. 1.5cmの丸形の口金をつけた絞り出し袋に3を入れ、オーブン用シートを敷いた天板に5cmほど間隔をあけながら直径約4cmに絞り出す（e）。フォークの背に3で残った溶き卵をつけ、生地の上を軽く押さえてアーモンドダイスをふる。焼く前に霧吹きで水を吹きかけると、生地がふくらみやすくなる（f）。

5. 190℃のオーブンで15分焼き、ふくらんで焼き色がついてきたら180℃に温度を下げて15〜20分、生地の割れ目にもしっかりと焼き色がつくまで焼く。

6. チョコレートカスタードクリームを作る。鍋に牛乳と切り目を入れたバニラスティックを入れて中火にかけ、沸騰直前で火を止める。

7. ボウルに卵黄とグラニュー糖を入れて混ぜ、ふるった薄力粉を加えて泡立て器で混ぜる。6を加えて混ぜ（g）、漉して鍋に戻す。バニラビーンズをさやから取り出して加える。

8. 7を中火にかけ、ゴムベラで混ぜながら加熱する。とろみがついて、鍋の真ん中あたりがふつふつと煮立つまで混ぜる（h）。なめらかになり、つやが出てきたらバットに移し、ラップを表面にぴったりとかぶせ、粗熱を取る。

9. チョコレートは細かく刻み、50〜60℃の湯せんにかけて溶かす。8の粗熱が取れたら室温でやわらかくしたバターを加えて混ぜ、チョコレートをすぐに加えて混ぜる（i）。グランマルニエを加える。バットに流し入れてラップを表面にぴったりとかぶせ、冷蔵庫でしっかりと冷やす。

10. 生クリームを七分立て（泡立て器ですくうともったりとして、筋が残るくらい）に泡立て、冷えた9に加えて全体をよく混ぜ合わせる。星型の口金をつけた絞り出し袋に入れる。

11. シュー生地を上下に2等分し、クリームをたっぷりと絞り出す（j）。

Choux à la Crème au Chocolat

à Paris / Pâte à Choux

Profiteroles au Chocolat

ショコラプロフィットロール

焼きたてサクサクのシュー生地にバニラアイスを詰めて
温かいチョコレートソースをかけていただきます。

材料：直径5cmのもの、約30個分

シュー生地
バター	60g
牛乳	60cc
水	60cc
塩	3g
グラニュー糖	小さじ1
薄力粉	30g
強力粉	30g
卵	2〜3個

チョコレートソース
牛乳	120cc
クーベルチュール チョコレート（スイート）	100g
バター	10g
バニラアイスクリーム	適量

1. シュー生地を作る。鍋にバター、牛乳、水、塩、グラニュー糖を入れて中火にかける。沸騰してバターがすべて溶けたところで、ふるった粉類を一度に加える（a）。

2. 中火にかけながら木べらで手早く混ぜる。生地が転がせるくらいにまとまり、鍋底に薄く生地の膜が張るくらいになったら（b）、火を止めてボウルに移す。

3. 卵はよく溶きほぐし、2に少しずつ加えては混ぜ、なめらかになるまで混ぜる。これを繰り返し、生地を木べらで持ち上げたときに、生地が三角形を作りながらゆっくり落ちるくらいのかたさになったら卵を加えるのをやめる（c）。足りなければ卵を足して目安のかたさになるまで混ぜる。

4. 1.5cmの丸形の口金をつけた絞り出し袋に3を入れ、オーブン用シートを敷いた天板に5cmほど間隔をあけながら直径約3cmに絞り出す（d）。フォークの背に残った溶き卵をつけ、生地の上を軽く押さえる（e）。焼く前に霧吹きで水を吹きかけると、生地がふくらみやすくなる。

5. 190℃のオーブンで15分焼き、ふくらんで焼き色がついてきたら180℃に温度を下げて15〜20分、生地の割れ目にもしっかりと焼き色がつくまで焼く。

6. チョコレートソースを作る。鍋に牛乳を入れて中火にかけ、沸騰したら火を止めて刻んだチョコレートとバターを加えて溶かす。

7. シュー生地が冷めたら上下に2等分し（f）、バニラアイスクリームをたっぷりとはさんで器に盛り、温かいチョコレートソースをかける。

a

d

b

e

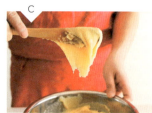
c

f

Profiteroles au Chocolat

Dacquoises au Chocolat

チョコレートのダックワーズ

ダックワーズの生地にココアを加えて焼きあげました。
さっくり、でもしっとりふんわりした食感に
チョコレートバタークリームをはさみます。
冷やしていただくのがおすすめです。

材料：約12個分

生地
卵白　　　　　　3～4個分（100g）
グラニュー糖　　20g
薄力粉　　　　　10g
粉糖　　　　　　80g
ココアパウダー　10g
アーモンドプードル　80g
粉糖　　　　　　適量

チョコレートクリーム
生クリーム　　　　　　　　60cc
クーベルチュール
チョコレート（スイート）60g
バター　　　　　　　　　　80g
粉糖　　　　　　　　　　　20g
ブランデー　　　　　　　小さじ1

1. ボウルに卵白を入れ、軽くふんわりとするまで泡立てる。グラニュー糖を3～4回に分けて加えながら、しっかりとツノが立つまで泡立てる。(a)。

2. 薄力粉、粉糖、ココアパウダーは合わせてふるい、アーモンドパウダーもふるう。1に1/3量ずつを加えて混ぜる。残りをすべて加え、ゴムベラでなるべくメレンゲの泡をつぶさないように混ぜ合わせる（b）。

3. 1.5cmの丸形の口金をつけた絞り出し袋に2を入れる。オーブン用シートを敷いた天板に、間隔をあけながらゆっくりと太めに、4cm長さに絞り出す（c）。粉ふるいで粉糖をたっぷりとふりかける（d）。生地の表面になじんだら、再度ふりかける。

4. 180℃のオーブンで15分焼く。オーブンから取り出してそのまま室温まで冷まし、冷めたらシートからはがしてケーキクーラーに並べる。

5. チョコレートクリームを作る。鍋に生クリームを入れて中火にかけ、沸騰したら火を止めて細かく刻んだチョコレートを加えて溶かす（e）。しっかりと粗熱を取る。

6. 別のボウルに室温でやわらかくしたバターを入れて粉糖を加え、白くふんわりとするまで泡立て器で泡立てる。5を1/3ほど加えてさらに泡立てる（f）。残りのチョコレートを加えてムラがないよう混ぜ、ブランデーを加えて混ぜる。ボウルの底を氷水に当て、泡立てながら絞れるくらいの固さになるまでしっかりと冷やす。

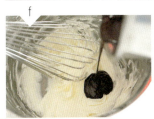

7. 小さな丸形の口金をつけた絞り出し袋に6のクリームを入れ、4の底面に絞り出す(g)。もう1枚をのせる。冷蔵庫で冷やしていただく。

41

Macarons Framboise Fourrés Chocolat

à Chateauneuf

フランボワーズと
チョコレートのマカロン

フランボワーズが香る、ほんのりピンク色のマカロンに2種のガナッシュをはさんで。
ホワイトチョコレートのガナッシュには、ローズの香りを忍ばせました。

材料：約13個分

生地			ガナッシュ(黒)		
粉糖	80g		生クリーム	20cc	
アーモンドパウダー	60g		牛乳	20cc	
フリーズドライフランボワーズ	5g		クーベルチュールチョコレート		
卵白	60g		（スイート）	80g	
グラニュー糖	40g		ガナッシュ(白)		
食用色素(ローズ)	少々		生クリーム	20cc	
			牛乳	20cc	
			クーベルチュールチョコレート		
			（ホワイト）	80g	
			ローズエッセンス	少々	
			食用色素(ローズ)	少々	

1. マカロン生地を作る。フードプロセッサーに粉糖とアーモンドパウダーを合わせ（a）、よく攪拌する。その後ストレーナーでふるう。

2. フリーズドライフランボワーズを厚手のビニール袋に入れて上からめん棒で細かくすりつぶし（b）、その後ストレーナーでふるう。残った種は取り除く。

3. ボウルに卵白を入れ、軽く泡立てる。グラニュー糖を4〜5回に分けて少しずつ加えながら、つやのあるしっかりとしたメレンゲにする（c）。

4. 1と2を一度に3のボウルに加え、ゴムベラでさっくりと全体にムラがないように混ぜ（d）、その後ボウルにヘラを押しつけて泡をつぶすように数回すり混ぜる（e）。

5. 全体につやが出て、ヘラで生地を持ち上げておとすときにとろとろとつながって落ちるくらいになったらやめる（f）。

6. 1.5cmの丸形の口金をつけた絞り出し袋に5を入れ、オーブン用シートを敷いた天板に直径3.5〜4cmに絞り出す（g）。

7. 天板をとんとんと数回落として生地を少し平らにし、そのまま室温（乾燥した場所）に30分〜1時間置いて指で触れても生地がつかなくなるまで乾燥させる（h）。

8. 140℃のオーブン（熱が強めのガスオーブン、コンベクションオーブンの場合。熱が弱めの電気オーブンは150〜160℃）に入れ、ピエ（生地が立ち上がったときに下のほうに出るふくらみ）が出るのを確認したら、様子を見ながら10〜12分焼く。

9. 天板の上に並べたまま粗熱を取り、冷めたらそっとはがす。

10. ガナッシュはそれぞれ生クリームと牛乳を鍋に入れて火にかけ、沸騰したら火を止め、刻んだチョコレートを入れて溶かす。白のガナッシュにはローズエッセンスと食用色素を入れてよく混ぜる。

11. それぞれのガナッシュのボウルの底に氷水を当て、絞りやすいかたさになったら、小さな丸形の口金をつけた絞り出し袋に入れ、9の底面に絞り出してもう1枚ではさむ（i）（j）。

Macarons Framboise Fourrés Chocolat

Sablés Florentins au Chocolat

フロランタンサブレ

キャラメルをからめたアーモンドを
バターたっぷりのサブレ生地の上に重ねて焼いた
フランスの伝統的な焼き菓子。
チョコレートをまとわせて。

材料：直径6cmのセルクル、約10枚分

生地		アーモンドキャラメルヌガー	
バター	95g	バター	40g
粉糖	50g	生クリーム	40cc
卵黄	1/2個分	グラニュー糖	50g
塩	1g	はちみつ	20g
薄力粉	130g	水あめ	20g
打ち粉（強力粉）	適量	アーモンドスライス	70g

コーティング
クーベルチュールチョコレート（スイート）　150g

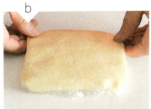

1. サブレ生地を作る。バターは室温に戻し、ゴムベラで練る。粉糖を加えて泡立て器で白っぽくふんわりするまですり混ぜ、卵黄、塩を加えて混ぜ、ふるった薄力粉を加えてゴムベラに持ち替えて混ぜる（a）。ラップに包んで冷蔵庫で2～3時間休ませる（b）。

2. 台に打ち粉をふり、生地を1cm厚さにめん棒で伸ばす。内側に薄くバター（分量外）を塗ったセルクルで抜き（c）、セルクルをつけたまま天板に並べる（セルクルがない場合は、15cm四方の角型に伸ばす）。フォークで生地に穴をあけ（d）、190℃のオーブンで15分焼く。

3. アーモンドキャラメルヌガーを作る。鍋にアーモンドスライス以外の材料を入れ、木べらで混ぜながら中火にかける（e）。

4. 110℃くらい（沸騰してから1分間ほど加熱するのを目安に）まで温度が上がったらアーモンドスライスを加えて混ぜ（f）、手早く2の上に少しずつ流し入れ、それぞれをスプーンで平らにならす（g）。190℃のオーブンで20分焼く。

5. 焼きあがったら少し冷まし、キャラメルが固まらないうちに型と生地の間に小さなナイフを入れてセルクルを外してから（h）、しっかりと冷ます。

6. コーティング用のチョコレートを細かく刻む。半量をボウルに入れ、50～60℃の湯せんにかけて溶かす。残りのチョコレートを加えて余熱で溶かし、テンパリングする（P.91参照）。

7. 5の半分にチョコレートをつけ、そのままオーブン用シートを敷いたバットに並べて固める。

8. 大きい四角で焼いた場合は、アーモンドキャラメルヌガーを全体に広げて焼く。キャラメルが少し冷めて、まだ温かいくらいの状態になったら、好みの大きさに切り分ける。しっかりと冷まし、同様にチョコレートをつける。

Soufflé au Chocolat

チョコレートスフレ

熱々焼きたてを味わってほしいです。
ふんわりふくらんだスフレを割れば、
カカオとグランマルニエが香ります。

材料：直径12.5cm、深さ9.5cmの型1個分

生クリーム	50cc
クーベルチュール チョコレート（スイート）	60g
卵	3個
グラニュー糖	30g
薄力粉	20g
牛乳	130cc
ココアパウダー	5g
グランマルニエ	適量
グラニュー糖（メレンゲ用）	50g
粉糖	適量
グランマルニエ	適宜

1. 器の側面と底にバター（分量外）を塗り、グラニュー糖（分量外）を入れ、型を回しながらグラニュー糖を薄くつける（a）。

2. 鍋に生クリームを入れて中火にかけ、沸騰したら火を止める。ボウルに細かく刻んだチョコレートを入れ、生クリームを加えて溶かす（b）。

3. 卵は卵黄と卵白に分け、卵黄にグラニュー糖を加えてもったりするまで泡立て器で混ぜる。ふるった薄力粉を加えて混ぜ、牛乳を加えて混ぜる。

4. 3を鍋に移し、中火にかけてもったりとするまでゴムベラで混ぜながら温める（c）。とろみがついたらすぐボウルに移し、2のチョコレート、ふるったココアパウダーを加えて混ぜる（d）。グランマルニエを加えて混ぜる。

5. 別のボウルに卵白を入れて軽くふんわりとするまで泡立て、メレンゲ用のグラニュー糖を3〜4回に分けて加えながら、しっかりとツノが立つまで泡立てる。

6. 4に5の1/3量を加えてよく混ぜ（e）、残りをすべて加えてムラのないようにさっくりと混ぜる。

7. 生地を型に流し入れる（f）。型の縁についた生地はきれいに拭き取り、180℃のオーブンに入れ、18〜20分焼く。

8. 粉糖をふり、好みで焼きたてにさらにグランマルニエをふっていただく。

Soufflé au Chocolat

50

à Villeneuve -lès- Avignon

Bavarois Chocolat-Orange

チョコレートとオレンジのババロア

オレンジ香る、チョコレートのババロア。
とろけるほどやわらかな舌ざわりを楽しんで。

材料：直径15cm、深さ6.5cmの型1個分

オレンジの皮	1個分
牛乳	350cc
バニラスティック	1/2本
卵黄	3個分
グラニュー糖	60g
板ゼラチン	7g
クーベルチュールチョコレート（スイート）	60g
グランマルニエ	小さじ2
生クリーム	200cc
グラニュー糖	20g

飾り用生クリーム

生クリーム	150cc
グラニュー糖	20g

※板ゼラチンはたっぷりの水につけて、10〜15分ほどふやかしておく

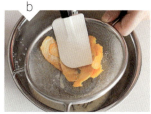

1. オレンジは塩適量（分量外）をすり込んでよく洗い、皮をむく。鍋に牛乳、オレンジの皮、切り目を入れたバニラスティックを入れて中火にかける。沸騰直前になったら火を止めてふたをし（a）、15分ほど蒸らしてバニラとオレンジの香りを移す。ストレーナーで漉しながらオレンジの皮を押さえてエキスを出し（b）、バニラビーンズはさやから取り出して加える。さやは飾り用に取っておく。

2. ボウルに卵黄とグラニュー糖を入れて白っぽくなるまで泡立て器ですり混ぜる。1を少し加えてよく混ぜ、残りも少しずつ混ぜながら加える。鍋に戻して中火にかけ、ゴムベラで混ぜながら、表面の泡がなくなり軽くとろみがつくまで加熱する。火を止めて水気をしっかりきったゼラチンを加え（c）、よく混ぜて余熱で溶かす。

3. チョコレートは細かく刻んでボウルに入れ、2の1/4量ほどを熱いうちに漉しながら加え（d）、よく混ぜる。残りも少しずつ混ぜながら加えて、チョコレートを溶かす。グランマルニエを加える

4. ボウルの底を氷水に当てながら、時々混ぜてとろみが出るまで冷やす（e）。とろりとしてきたら、別にグラニュー糖を加えて五〜六分立て（泡立て器ですくうと流れ落ちて跡がすぐに消えるくらい）に泡立てた生クリームを加えて（f）、全体を混ぜる。生クリームのとろみと同じくらいにして混ぜるのがポイント。

5. 内側を水で濡らした型に流し入れ（g）、冷蔵庫で2時間以上冷やし固める。

6. 型ごと熱湯にさっとつけて皿に返して取り出す。グラニュー糖を加えて八分立て（泡立て器ですくうとピンとツノが立つくらい）に泡立てた生クリームを好みに合わせて絞り、バニラのさやを飾る。

Mousse au Chocolat

54

チョコレートムース

濃厚なチョコレートを味わいたい方におすすめです。
甘酸っぱいフルーツにもよく合います。

材料：4〜6人分

クーベルチュールチョコレート（スイート）	100g
卵黄	1個分
ブランデー	小さじ1〜2
卵白	1個分
グラニュー糖	大さじ1
生クリーム	100cc
ぶどう	適宜

1. チョコレートは細かく刻んで、50〜60℃の湯せんにかけて溶かす。

2. 1に卵黄を加えて混ぜ（a）、ブランデーを加えてさらにやさしくゴムベラで混ぜる（b）。

3. 別のボウルに卵白を入れて軽くふんわりとするまで泡立て、グラニュー糖を3〜4回に分けて加えながら、しっかりツノが立つまで泡立てる（c）。

4. さらに別のボウルに生クリームを入れて八分立て（泡立て器ですくうとピンとツノが立つくらい）に泡立て、3のメレンゲと合わせる（d）。

5. 2のチョコレートに4を1/3量加えて（e）ムラなく混ぜ、残りをすべて加えてふんわりと全体をムラなく混ぜる（f）。

6. 器に流し入れ、冷蔵庫で3時間以上冷やす。スプーンですくって器に盛り、半分に切ったぶどうを添える。

Petits Pots de Crème au Chocolat

プティポーショコラ

小さなポットに入れて焼く、
伝統的なフランスのデザート。
砂糖は好みの甘さで加えましょう。

材料：小さなポット、4個分

生クリーム	200cc
牛乳	60cc
クーベルチュールチョコレート	
（カカオ70％のもの）	75g
卵黄	3個分
グラニュー糖	20g
飾り用生クリーム	
生クリーム	50cc
グラニュー糖	小さじ1/2
飾り用チョコレート	適量

1. 生クリームと牛乳を鍋に入れて火にかけ、沸騰したら火を止め、刻んだチョコレートを入れて溶かす（a）。

2. ボウルに卵黄とグラニュー糖を入れて白っぽくなるまですり混ぜる。1を少しずつ加えながら混ぜ（b）、その後ストレーナーで漉す（c）。

3. ブランデーを加えて混ぜ、小さなポットに流し入れ（d）、バットに並べる。熱湯を張り（e）、130〜140℃のオーブンで30分ほど蒸し焼きにする。

4. 粗熱が取れたら冷蔵庫で冷やし、グラニュー糖を加えて七分立て（泡立て器ですくうとツノの先が垂れ下がるくらい）に泡立てた生クリームを上に飾り、仕上げに削ったチョコレートをのせる。

a

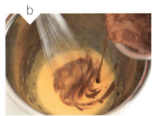
b

c

d

e

Glace au Chocolat-Caramel

キャラメルチョコレート
アイスクリーム

しっかりと焦がしたキャラメルの風味を
チョコレートに溶かし込んだ、
大人のアイスクリームです。

材料：6〜8人分

クーベルチュール	
チョコレート（スイート）	70g
生クリーム	100cc
卵黄	5個分
グラニュー糖	80g
ココアパウダー	20g
牛乳	400cc
グランマルニエ	大さじ2
キャラメルソース	
グラニュー糖	80g
水	大さじ1
熱湯	50cc
フランボワーズ	適宜

---

1. キャラメルソースを作る。鍋にグラニュー糖と水を入れて中火にかけ、鍋底の周りが焦げてきたら、鍋をゆすりながら全体に濃い茶色になるまで焦がす。火を止めて熱湯を加え（a）、底の塊が溶けるまで鍋をゆすって混ぜる（b）。しっかり粗熱を取る。

2. チョコレートは細かく刻む。生クリームを鍋に入れて中火にかけ、沸騰したら火を止め、チョコレートを加えてゆっくりと混ぜて溶かす。

3. ボウルに卵黄、グラニュー糖を入れてもったりするまで泡立て器ですり混ぜる。2を少し加えてムラなく混ぜ（c）、残りをすべて加えて混ぜる。1のキャラメルソースを加えて混ぜる（d）。ふるったココアパウダーを加えて混ぜる（e）。

4. 牛乳は小鍋に入れて中火にかけ、沸騰直前まで温め、3に加えて混ぜる。グランマルニエを加える。

5. バットに流し入れ、ラップをして冷凍庫で冷やし固める。1時間ほどしたら取り出し、スプーンで全体を大きく混ぜる（f）。30分〜1時間ごとに2〜3回繰り返してできあがり。器に盛り、フランボワーズを添える。

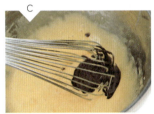

Quatre-quarts au Chocolat Noir et à l'Orange

Quatre-quarts au Chocolat Noir et à l'Orange

62

ダークチョコマーマレード
パウンドケーキ

爽やかな苦みのあるマーマレードを濃厚なチョコレート生地に加えました。
グランマニエが香る、しっとりしたパウンドケーキです。

材料：縦12cm×横12cm×高さ7cmの型1台分

クーベルチュール		ホイップクリーム	
チョコレート（スイート）	150g	生クリーム	100cc
バター	120g	グラニュー糖	大さじ1
グラニュー糖	90g	グランマルニエ	小さじ2
卵	2個		
薄力粉	70g		
ココアパウダー	20g		
ベーキングパウダー	小さじ1/2		
オレンジマーマレード	140g		
グランマルニエ	適量		
ココアパウダー	適量		

1. 型の内側にバター（分量外）を薄く塗り、冷蔵庫で冷やした後、強力粉（分量外）を入れて型を回しながら内側につける。余分な粉は落とす。バターは室温でやわらかくしておく。卵は室温に戻し、よく溶きほぐしておく。薄力粉とココアパウダー、ベーキングパウダーは合わせてふるっておく。

2. チョコレートは細かく刻んで50〜60℃の湯せんにかけて溶かし、しっかり粗熱を取る。

3. ボウルにバターとグラニュー糖を入れ、ゴムベラで練り混ぜる。泡立て器に持ち替え、白っぽくなり、空気を含んでふんわりした状態になるまでよく泡立てる。

4. 3に溶きほぐした卵を少しずつ加え（a）、分離しないように混ぜながらすべて加える。途中で分離しそうになったら、ふるっておいた粉類を少量加える（b、c）。2のチョコレートを少しずつ加え、よく混ぜる（d）。

5. ふるった粉類をすべて加え、粉っぽさがなくなるまでゴムベラでよく混ぜ合わせる。マーマレードを加えて混ぜ合わせる（e）。

6. 型に流し入れ、とんとんと数回下に落として空気を抜き（f）、表面を平らにならす。160〜170℃のオーブンで40〜45分焼く。

7. 焼きあがったら型から取り出し、熱いうちにグランマルニエをハケで塗る（g）。一晩ほどおいてしっとりなじませ、食べるときにココアパウダーをふる。

8. 生クリームとグラニュー糖をボウルに入れ、底を氷水に当てて冷やしながら泡立てる。八分立て（泡立て器ですくうとピンとツノが立つくらい）に泡立てる。グランマルニエを加え、好みでケーキに添えていただく。

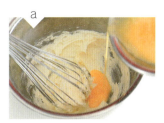
a

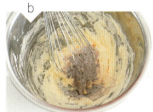
b

c

d

e

f

g

Quatre-quarts au Chocolat Blanc et au Citron

ホワイトチョコレートと
レモンのパウンドケーキ

しっとりした生地はレモンの皮で香りづけしました。
ガナッシュを仕上げにかけ、どこか懐かしい甘さのケーキです。

材料：縦12cm×横8cm×高さ6.5cmのパウンド型1台分

クーベルチュール		コーティング用ガナッシュ	
チョコレート（ホワイト）	60g	生クリーム	70cc
バター	100g	クーベルチュール	
粉糖	60g	チョコレート（ホワイト）	60g
卵	2個	レモンの皮の細切り	適量
レモンの皮の すりおろし（国産）	1個分		
薄力粉	100g		
ベーキングパウダー	小さじ1/2		
レモンチェッロ	適量		

1. 型の内側にバター（分量外）を薄く塗り、冷蔵庫で冷やした後、強力粉（分量外）を入れて型を回しながら内側につける（a）。余分な粉は落とす。バターは室温でやわらかくしておく。卵は室温に戻し、よく溶きほぐしておく。薄力粉とベーキングパウダーは合わせてふるっておく。

2. ホワイトチョコレートは細かく刻み、50〜60℃の湯せんにかけて溶かし、しっかり粗熱を取る。

3. ボウルにバターを入れ、ゴムベラで練る。粉糖を加えて泡立て器ですり混ぜ、白っぽくなり、空気を含んでふんわりした状態になるまでよく泡立てる。

4. 2のチョコレートを加えてよく混ぜる（b）。

5. 溶きほぐした卵を少しずつ加え、分離しないように混ぜながらすべて加える。途中で分離しそうになったら、ふるっておいた粉類を少量加える。ゴムベラに持ち替え、レモンの皮のすりおろしを加えて混ぜる（c）。

6. ふるった粉をすべて加え、粉っぽさがなくなるまでよく混ぜ合わせる。型に流し入れ（d）、とんとんと数回下に落として空気を抜き、表面を平らにならす。180℃のオーブンで40〜45分焼く。

7. 焼きあがったら型から取り出し、熱いうちに全体にレモンチェッロをハケで塗る。

8. ガナッシュを作る。小鍋に生クリームのうち50ccを入れて中火にかけ、沸騰したら火を止めて細かく刻んだホワイトチョコレートを加えて余熱で溶かす。残り20ccの生クリームを加えて全体を混ぜる。

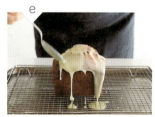

9. 7の粗熱がしっかり取れたら、8をスプーンで全体にかける（e）。一度かけて少し固まったら、もう一度かける。レモンの皮の細切りを散らす（f）。

Terrine de Chocolat aux Cerises

Terrine de Chocolat aux Cerises

チョコレートとさくらんぼのテリーヌ

赤ワインで煮たダークチェリーが芳醇な味わいが楽しめる
濃厚なチョコレートのデザートです。
とろける口当たりも楽しんでください。

材料：縦17cm×横8cm×高さ7cmのパウンド型1台分

クーベルチュール		アングレーズソース	
チョコレート（スイート）	150g	卵黄	1個分
生クリーム	200cc	グラニュー糖	30g
バター	30g	牛乳	150cc
ダークチェリー（缶詰）	1缶(220g)	バニラスティック	1/2本
赤ワイン	100cc		
グラニュー糖	60g		
バニラスティック	1本		
ブランデー	大さじ1		

1. チョコレートは細かく刻んでボウルに入れる。鍋に生クリームを入れて中火にかけ、周りが沸騰したら火を止める。チョコレートを入れたボウルに加え、静かに混ぜる（a）。

2. 室温に戻してゴムベラでやわらかく練ったバターを1に加えて（b）、ゆっくりと混ぜる。

3. ダークチェリーは水気をきって鍋に入れ、赤ワイン、グラニュー糖、切り目を入れたバニラスティックを加えて中火にかける。水気が2/3量くらいになるまで弱火で煮る（c）。しっかり粗熱を取り、ストレーナーにあけてチェリーとソースを分けておく。チェリーはペーパーを敷いたバットに並べ、しっかり水気をきっておく（d）。チェリーは飾り用にいくつか取り分けておいてもよい。

4. 2にチェリーを加え、ざっくりと混ぜる。ブランデーを加えて混ぜる。

5. パウンド型に薄くバター（分量外）を塗り、オーブン用シートを型に合わせて切って敷き込む。4を流し入れ（e）、とんとんと数回下に落として空気を抜く。上面をぴったりとラップでおおって、冷蔵庫で1日冷やす。

6. アングレーズソースを作る。ボウルに卵黄とグラニュー糖を入れ、泡立て器で白っぽくなるまですり混ぜる。牛乳を少しずつ加えて混ぜ、鍋に移して切り目を入れたバニラスティックを加え、弱火にかける。絶えず混ぜながら加熱し、軽くとろみがついたらすぐに火から下ろす。加熱を止めるために鍋底を氷水に当てる。バニラビーンズをさやから取り出して加える。

7. 5を型から取り出し、熱湯で温めた包丁で切り分け、3のソースと6のアングレーズソースをかけていただく。

チョコレートの好きな　パリ娘

二人そろえば　いそいそと

角のショコラティエへ「Bonjour」

Boissons au chocolat

大人のチョコレートクリームソーダ

まずはチョコレートシロップを作る。
小さなボウルにココアパウダーをたっぷり山盛り大さじ 1 杯、
グラニュー糖は大さじ 2 杯。
それを混ぜたら熱々のお湯大さじ 3 杯を加えて混ぜよう。
冷ましておく。
ふたつのグラスにバニラアイスクリームをディッシャーでひとつずつ。
チョコレートシロップを半分ずつ注いで、よーく冷えたシャンパンを注ぐ。
その上にバニラアイスクリームをディッシャーでまたひとつずつ。
細いマドラーでくるくるっと混ぜて。
フランボワーズをつまみながら、こくりとひと口。
大人のチョコレートソーダのできあがり。

ストロベリーチョコレートシェイク

甘酸っぱいいちごとチョコレートのデザートみたいな飲み物。
まずはチョコレートシロップを作る。
小さなボウルに、ココアパウダーをたっぷり山盛り大さじ 1 杯と
グラニュー糖大さじ 2 杯を混ぜたら、熱々のお湯大さじ 3 杯をゆっくり注いで混ぜよう。
冷ましておく。
ミキサーボウルにバニラアイスクリームといちご、牛乳と氷をお好みで加えて、
冷ましたチョコレートシロップを入れたら、ガーガーとなめらかになるまで混ぜる。

ショコラショー

ちょっと肌寒い夜ならば、ショコラショーを作ろう。
小さなお鍋に牛乳を 1 カップと刻んだチョコレートを 60g。
弱火にかけて混ぜながら、ゆっくりと温めて。
ふわふわと湯気が立つまで熱々になったなら、
マグカップふたつに注いでできあがり。
お好みで砂糖を加えよう。
ふうふうと吹きながらひと口飲めば、心からほっと温まる。
眠れない夜なら、ラム酒をたらして。
お腹がすいていたら、大きなマシュマロを浮かべよう。

à Paris

Boissons au chocolat

Boissons au chocolat

ラッピングのアイデア

包装紙やラッピング材料をそろえなくても、家にあるものでかんたんにラッピング。お菓子が入っていた缶や紙箱にお菓子を詰めて。フランス語や英字の新聞、古い地図をカラーコピーして包装紙の代わりに使います。お気に入りのクロスをコピーしても。グラシン紙などの紙袋は、チョコレートの小さなお菓子を入れるのにぴったりです。

A. マカロンは小さな空き箱にワックスペーパーを敷いて。ちょこんと置いた様子がかわいい、小さな贈り物。

B. パウンドケーキなどはワックスペーパーで包んだ後に、カラーコピーした地図とグラシン紙を重ねて包みます。ひもをくるっと結んでできあがり。

C. お気に入りの古い缶にお菓子を詰め込んで。キャラメルはワックスペーパーに1個ずつ包みます。

D. ひとつずつグラシン紙の袋に入れて。小さく添えたスタンプ文字がアクセントに。

Kouglof au Chocolat à la Banane

チョコレートバナナクグロフ

バナナとチョコレートは最強の組み合わせ。
小さなクグロフ型で、かわいく焼きあげました。

材料：直径12cmのクグロフ型1台分

バター	50g
きび砂糖	50g
卵	1個
薄力粉	30g
強力粉	15g
ベーキングパウダー	小さじ1/4
ココアパウダー	10g
アーモンドパウダー	20g
バナナ	1/2本(50g)
レモン汁	小さじ1/3
ラム酒	大さじ2

コーティング用ガナッシュ
生クリーム、クーベルチュールチョコレート（スイート）　各50g

1. 型の内側にバター（分量外）を薄く塗り、冷蔵庫で冷やした後、強力粉（分量外）を入れて型を回しながら内側につける。余分な粉は落とす。バターは室温でやわらかくしておく。卵は室温に戻し、よく溶きほぐしておく。アーモンドパウダー以外の粉類は合わせてふるい、アーモンドパウダーもふるっておく。

2. ボウルにやわらかくしたバターときび砂糖を入れ、ふわっとするまで泡立て器ですり混ぜる（a）。

3. 溶きほぐした卵を2に少しずつ加え、分離しないように混ぜながらすべて加える。途中で分離しそうになったら、1の粉類を少量加える。

4. 粉類、アーモンドパウダーを加えて（b）、ゴムベラでよく混ぜ合わせる。

5. バナナはレモン汁と合わせてフードプロセッサーでピューレ状にする。4に加えてよく混ぜる（c、d）。

6. 生地を型に少しずつ流し入れ（e）、とんとんと数回下に落として空気を抜き、表面を平らにならす。170℃のオーブンで20〜30分焼く。

7. 焼きあがったら型から取り出し、ラム酒をハケで塗る。

8. ガナッシュを作る。小鍋に生クリームを入れて中火にかけ、沸騰したら火を止めて細かく刻んだチョコレートを加えて余熱で溶かす。

9. 7が冷めたら、スプーンで8をかける（f）。一晩ほど置くと、よりおいしくいただける。

Fondant au Chocolat

ショコラフォンダン

フォンダン（fondant）とはフランス語で溶けるという意味。
小麦粉をまったく加えずに作るので、
口に入れると、とろけるような焼きあがりになります。

材料：直径15cmの丸型1台分
クーベルチュールチョコレート（スイート）　160g
バター　　　　　　　　　　　90g
卵　　　　　　　　　　　　　3個
グラニュー糖　　　　　　　　120g
ココアパウダー　　　　　　　30g

ホイップクリーム
生クリーム　　　　　　　　　100cc
グラニュー糖　　　　　　　　大さじ1
ブランデー　　　　　　　　　少々

飾り用ココアパウダー　　　　適量

1. 型に薄くバター（分量外）を塗る。型に合わせて切ったオーブン用シートを底と側面にぴったりと敷く（a）。

2. ボウルに細かく刻んだチョコレートと小さく切ったバターを入れて（b）、50〜60℃の湯せんにかけて溶かす。

3. 別のボウルに卵を割り入れ、グラニュー糖を加えて泡立て器で混ぜる。湯せんにかけながら、もったりとし、すくうとリボン状に落ちてくるくらいまで（c）、しっかりと泡立てる。最後にゆっくり混ぜて泡のキメを整える。

4. 2にふるったココアパウダーを加えてゴムベラで混ぜる（d）。3に加え、泡立て器でゆっくり全体をなじませ、ゴムベラに持ち替えて泡をつぶさないように混ぜ合わせる（e）。

5. 型に生地を流し入れ、とんとんと数回下に落として空気を抜き（f）、表面を平らにならす。180℃のオーブンに入れ、20〜25分焼く。焼きあがったら、型ごとケーキクーラーにのせて冷ます。

6. 生クリームとグラニュー糖をボウルに入れ、底を氷水に当てて冷やしながら泡立てる。八分立て（泡立て器ですくうとピンとツノが立つくらい）にする。ブランデーを加えて混ぜる。

7. 5の粗熱が取れたら型から取り出し、仕上げにココアパウダーを全体にふり、切り分けて6を添える。

a

b

c

d

e

f

Gâteau Étagé Classique au Chocolat

Gâteau Étagé Classique au Chocolat

クラシックチョコレートケーキ

ふんわりしたスポンジ生地をチョコレートクリームで丁寧に仕上げます。
やさしい甘さにくるみの香ばしさと食感がアクセントに。レトロなチョコレートケーキです。

材料：縦12cm×横12cm×高さ7cmの角型1台分

生地

卵	2個
上白糖	50g
薄力粉	50g
ココアパウダー	10g
バター	20g

シロップ

グラニュー糖	25g
水	50cc
ラム酒	小さじ1

ガナッシュ入りクリーム

クーベルチュールチョコレート（スイート）	50g
生クリーム（ガナッシュ用）	50cc
生クリーム	200cc
グラニュー糖	大さじ1
ラム酒	小さじ2
くるみ	20g
飾り用のくるみ	適量

※くるみは粗く刻むか、手で粗く割っておく。

1. 型に薄くバター（分量外）を塗り、型に合わせてオーブン用シートを敷き込む。バターは湯せんにかけて溶かしておく。くるみは160℃のオーブンで20分ほどローストしておく。

2. 生地を作る。ボウルに卵を割りほぐし、上白糖を加えて泡立て器で混ぜる。湯せんにかけながら、もったりと白っぽくなり、泡立て器で生地を持ち上げたときに線が描けるくらいになるまで泡立てる。

3. 合わせてふるった薄力粉とココアパウダーを加え、ゴムベラでいっきに粉を下から持ち上げるような感じで混ぜ合わせる（a）。

4. 粉のムラがまだ少しあるところに、溶かしたバターをゴムベラに伝わせながら加える（b）。バターは下に沈みやすいので、下から生地をすくうようにしながら、粉ムラがなくなるまで手早く混ぜる。

5. 型に4を流し入れ（c）、とんとんと数回下に落として空気を抜き、表面を平らにならす。180℃のオーブンで30分ほど焼く。焼きあがったら型から取り出し、ケーキクーラーに置いて冷ます。

6. シロップを作る。グラニュー糖と水を小鍋に入れて中火にかけて、沸騰したら火を止める。ラム酒を加え、しっかりと冷ましておく。

7. ガナッシュ入りクリームを作る。チョコレートは細かく刻んでボウルに入れる。鍋にガナッシュ用の生クリームを入れて中火にかけ、沸騰したら火を止める。ボウルに加えてチョコレートを溶かし、しっかり粗熱を取る。

8. 別のボウルに生クリームを入れ、ボウルの底を氷水に当てながらグラニュー糖を加えて泡立てる。とろりとしてきたら7を加えて混ぜ合わせる（d）。ラム酒を加えて混ぜる。

9. 5のスポンジをスライスする。まず、上部のふくらんだ部分を平らになるよう切り取る。残りを均等に横3枚にスライスする（e）。1枚目を台にのせ、上面の切り口に6のシロップを塗る（f）。8のガナッシュ入りクリームをパレットナイフで薄く塗り、くるみを全体に散らす。くるみが隠れるくらいまでさらにクリームを重ねる（g）。

10. 2枚目のスポンジにシロップを塗り、シロップを塗った面を下にして重ねる。上面にもシロップを塗り、9と同様にクリーム、くるみ、クリームの順に重ねる。

11. 3枚目のスポンジにシロップを塗り、シロップを塗った面を下にして重ねる。上面にもシロップを塗り、残りのクリームを全体に塗る（h）。パレットナイフでクリームに表情をつけ、上に飾り用のくるみをのせる。

Gâteau Étagé Classique au Chocolat

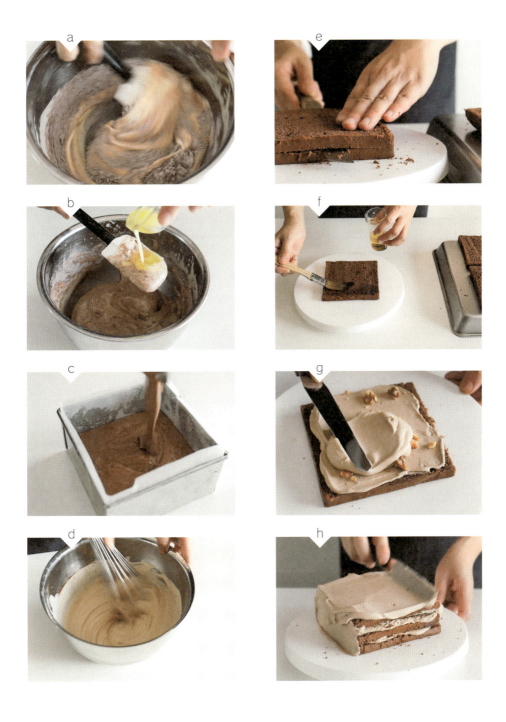

Tarte au Chocolat et à la Banane

タルトショコラバナーヌ

濃厚なチョコレートのフィリングとバナナの風味、
アーモンド入りの香ばしい生地が相性抜群です。

材料：直径18cmのタルト型1台分

タルト生地		アパレイユ	
バター	90g	生クリーム	150cc
塩	ひとつまみ	牛乳	50cc
粉糖	60g	クーベルチュールチョコレート	
薄力粉	140g	（スイート）	100g
アーモンドパウダー	20g	卵	1個
卵	1個	ラム酒	小さじ1
打ち粉（強力粉）	適量	バナナ	2本
		ココアパウダー	適量

1. バターは5mm角に切り、冷蔵庫で使う直前まで冷やしておく。

2. タルト生地を作る。ボウルに1のバター、塩、粉糖、ふるった薄力粉とアーモンドパウダーを加える。カードでバターを切るようにして混ぜる。バターが細かくなってきたら、手ですり合わせるようにしてそぼろ状になるまで混ぜる（a）。

3. よく溶いた卵を少しずつ加え、カードで切るように混ぜる（b）。混ざってきたらゴムベラで押さえるようにしてなじませ、ひとまとめになるまで混ぜる。

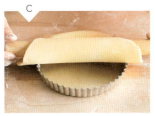

4. ラップに包んで、冷蔵庫で2時間以上休ませる。生地を取り出し、打ち粉をふった台に置き、めん棒で5mm厚さに伸ばす。めん棒に生地を巻きつけ、バター（分量外）を内側に薄く塗ったタルト型に敷く（c）。型の隅まで指で押さえて敷き込み、縁からはみ出す部分は1cmほど内側に折り込みながら取り除く（d）。折り込んだ部分を上に立ち上げ、あればタルトピンで生地の縁をつまんで飾りをつける（e）。

5. フォークで底全体に穴をあけ（f）、そのまま冷蔵庫に入れて10分ほど休ませる。オーブン用シートを内側に敷き、タルト用のおもしをのせ、160℃のオーブンで15〜20分焼く。

6. アパレイユを作る。鍋に生クリームと牛乳を入れて中火にかけ、沸騰させる。火を止めて、細かく刻んだチョコレートを加えて混ぜる。

7. ボウルに卵を割り入れ、よく溶きほぐす。6を少しずつ加え、よく混ぜる（g）。ラム酒を加えて混ぜる。

8. バナナは1本を2cm厚さの輪切りにし、5の生地に重ならないように並べる。7を静かに流し入れてならし（h）、160℃のオーブンで20分焼く。

9. 焼きあがったら取り出し、粗熱が取れたら冷蔵庫に入れて2〜3時間しっかりと冷やす。全体にココアパウダーをふる。残りのバナナは6〜7mm厚さの輪切りにして、タルトの周りに飾る。

チョコレートモカロールケーキ

大人なモカ風味のバタークリームと、しっとりとしたチョコレート生地。
ラム酒の香りで、大人なロールケーキに。

材料：28cm×28cmの天板1枚分

生地

バター	30g
卵	3個
上白糖	70g
薄力粉	60g
ココアパウダー	15g

シロップ

グラニュー糖	30g
水	60cc
ラム酒	小さじ2

モカバタークリーム

グラニュー糖	100g
水	大さじ1
卵黄	2個分
バター	200g
インスタントコーヒー	大さじ1
熱湯	小さじ1
ラム酒	小さじ2
ココアパウダー	適量

1. 生地を作る。バターは湯せんにかけて溶けるまで加熱し、粗熱を取る。

2. ボウルに卵を割りほぐし、上白糖を加えて混ぜる。ボウルを湯せんにかけ、泡立て器で白くもったりとするまで泡立てる。軽く泡立てて泡を均等にし、生地を持ち上げて線がかけるくらいになるまで泡立てる（a）。

3. 合わせてふるった薄力粉とココアパウダーをいっきに加え、ゴムベラで切るようにして混ぜる。1のバターをゴムベラに伝わせて加え、ムラのないように混ぜ合わせる。

4. 天板にオーブン用シートを敷き、生地を流し入れる。カードで平らにならし（b）、とんとんと数回下に落として空気を抜く。

5. 200℃に熱したオーブンで10分焼き、取り出したらすぐに天板から外してケーキクーラーにのせ、ビニール袋に入れて全体をおおい（c）、乾燥を防ぎながら粗熱を取る。

6. モカバタークリームを作る。鍋にグラニュー糖と水を入れて中火にかけ、115℃まで加熱する（d）。少量水に落とし入れ、手で触って練れるくらいが目安。

7. ボウルに卵黄を入れ、少しもったりするまでハンドミキサーを高速にして泡立てる。6を少しずつ加えながら泡立てていく。

8. しばらく泡立て続けて、しっかりと粗熱が取れた

ら、室温でやわらかくしたバターを少しずつ加えて泡立てていく（e）。

9. バターがすべて混ざったら、熱湯で溶いたインスタントコーヒー、ラム酒を加えてゴムベラで混ぜる（f）。

10. シロップを作る。グラニュー糖と水を小鍋に入れて中火にかけ、グラニュー糖が溶けたら火を止める。粗熱が取れたらラム酒を加え、冷ましておく。

11. 5の生地を袋から取り出して台にのせ、裏返してオーブン用シートをはがす。はがした紙の上に焼いた面を上にして生地を返し、ハケで10のシロップをたっぷり塗る（g）。パレットナイフでクリームを全体に塗り、手前は厚めに塗る。巻きやすいように4cmくらいの間隔で横に筋をつける（h）。

12. 手前から紙を持ち上げ、めん棒をうしろに当てる。シートの端をめん棒に軽く巻きつけて生地を起こし、そのままシートごとめん棒を持ち上げ、生地を持ち上げながら巻いていく（i、j）。

13. 巻き終わったら、めん棒を手前に引き、巻き締めて形を整える（k）。紙ごとラップでぴったりと包み（l）、冷蔵庫に1時間ほど入れて落ち着かせる。全体にココアパウダーをふり、切り分けていただく。

Gâteau Roulé au Chocolat et au Café Mocha

87

Gâteau Roulé au chocolat et au Café Mocha

What are little chocolates made of ?
What are little chocolates made of ?
Sugar and cacao
and all that's nice,
That's what little chocolates are made of.

　　　チョコレートは何でできてるの？
　　　チョコレートは何でできてるの？
　　　　　カカオに砂糖
　　　それに　すてきなものをいっぱい
　　　そういったもので　できている

チョコレートについて

クーベルチュールチョコレート

クーベルチュールチョコレートは製菓用チョコレートのうち、次の厳しい国際規格を満たしたもののことです。

・カカオ固形分が35％以上
・カカオバターを31％以上含む
・カカオバター以外の油脂は5％まで

カカオバター以外の油脂が添加されている市販の板チョコに比べて、風味や口溶けがよいのが特徴。カカオが持つ本来の味わいを楽しむことができ、お菓子作りに使うとワンランク上のお菓子に仕上がります。

カカオ豆由来の成分（カカオマスとカカオバター）の含有率がカカオ分です。クーベルチュールチョコレートはカカオ分と糖分、乳成分の違いによって種類が分けられます。

以前は板状のものが主流でしたが、タブレットタイプのものが増えています。板状のものは刻んでから使いましょう。

クーベルチュールチョコレートの種類

スイートチョコレート
カカオマスとカカオバター、砂糖が主原料。カカオ分が50％前後のものをスイートといい、それ以上のものはダーク、ビターということも。カカオ分が高くなるほどビターな味わいになります。

ミルクチョコレート
カカオ分31％以上のものに、砂糖と乳成分を加えたもの。乳成分が加わるため色が淡くなり、苦みが弱くクリーミーな甘さを感じられます。

ホワイトチョコレート
カカオバターに砂糖、乳成分を加えたもの。チョコレートの風味や色を作るカカオマスが入っていないため白く、やさしいミルクの味わいが特徴です。

チョコレートの取り扱いについて

刻んで使う

タブレットタイプのチョコレートが増えてきましたが、板状のものを使用する場合は細かく刻んで使用しましょう。チョコレートを刻む際は、両手で包丁の刃を押すようにして切ります。

湯せんにかけて溶かす

チョコレートは湯せんにかけて溶かします。50℃～60℃くらいの湯を耐熱容器に入れ、ボウルに入れたチョコレートをその上にのせて、湯の熱で溶かします。湯の温度が高すぎると油分が分離するので注意。

水分は大敵　チョコレートを刻む包丁や入れるボウルは、水気をよく拭き取って使いましょう。湯せんにかける際は、湯気や水滴が入らないように注意します。

温度管理が大切　チョコレートは温度変化を嫌い、高い温度や湿度も苦手。室温15℃前後、湿度55％ほどが適した環境です。日の当たらない、涼しい場所で保管します。作業を行なう際も室温に気をつけましょう。冷蔵庫などから取り出す際も、温度変化に注意が必要です。

テンパリング

チョコレートは温度に対してとてもデリケートです。溶かしたものをそのまま冷ますだけでは、ブルームという白く粉をふいたような状態になってしまいます。つややかで口当たりがよく、なめらかな口溶けのチョコレートに仕上げるためには、「テンパリング」という温度調節作業が必要。チョコレートに含まれるカカオバターの分子を分解して安定した並びにし、結晶化する温度を調節します。

チョコレートの種類	溶解温度	下降温度	作業温度
スイートチョコレート	50～55℃	27～28℃	30～31℃
ミルクチョコレート	40～45℃	26～27℃	29～30℃
ホワイトチョコレート	40～45℃	25～26℃	28～29℃

※溶解温度：はじめにチョコレートを溶かす温度。　下降温度：冷ます温度（カカオバターが安定する温度）。
　作業温度：再び湯せんにかけて温める温度。チョコレートの種類やメーカーにより微妙に異なる。

テンパリングの方法（スイートチョコレートの場合）

テンパリングには様々な方法がありますが、この本では初めての方にも挑戦しやすい方法を紹介します。「フレーク法」といい、使用する半量のチョコレートをまず溶かし、残りの半量（テンパリング済み）を温度調整しながら加えることにより、全体がテンパリングされた状態に持っていきます。

1　チョコレートをなるべく細かく刻み、半量ほどをボウルに入れ、50～60℃の湯せんにかけて溶かす。

2　湯せんから外し、残りのチョコレートを少しずつ加えていく。

3　作業温度の30～31℃まで温度が下がったら、チョコレートを加えるのをやめる。

4　パレットナイフの先に少しつけて、涼しい場所に置く。すぐに固まれば、テンパリングができたということ。

チョコレートのお菓子作りに使う材料

砂糖類
グラニュー糖はクセがない上品な甘みが特徴。グラニュー糖を細かく粉状にしたものが粉糖で、溶けやすく、口当たりがよく軽い仕上がりになります。上白糖はコクのある強い甘みがあり、保湿性があるため、焼き菓子はしっとりと焼きあがります。水あめやはちみつを使うと結晶化を防ぎ、チョコレートのなめらかな状態を保つことができます。はちみつは風味づけにも。

乳製品
チョコレートに生クリームや牛乳などを加えて作るガナッシュをはじめ、チョコレートのお菓子作りに欠かせない乳製品。生クリームは風味やコクがある乳脂肪分が高いものを使います。牛乳はフレッシュなもの、バターは食塩不使用のものを使いましょう。

ココアパウダー
カカオマスから油脂分であるカカオバターを搾り、残った固形分（カカオセック）を粉末状にしたもの。ケーキや焼き菓子の生地にカカオの風味や色を加えたいときに使います。デコレーションにも。

ナッツ類
アーモンドやくるみなど、チョコレートに香ばしさや味わいを加え、食感のアクセントにも。ローストしてから使うと、カリッとした食感や香ばしさが増します。

フルーツ
チョコレートに爽やかな風味や香りを加えます。レモンやオレンジは皮をすりおろしたり、牛乳などで煮出したりして使います。オレンジやりんごは甘く煮てから、しっかり乾燥焼きして使います。定番の組み合わせであるバナナは焼き菓子やケーキに大活躍。いちじくやいちごなどのドライフルーツもおすすめです。

風味づけの材料
ブランデーは果実酒を蒸留したもので、香りとまろやかな口当たりが特徴。トリュフに加えると大人の味わいに。グランマルニエはオレンジキュラソーの代表銘柄で、甘さや柑橘類の香りを加えます。蒸留酒であるラム酒は、果物を漬けたり焼き菓子に使ったりします。バニラビーンズはさやの中の種を使用します。独特の甘い香りをつけるときに。

チョコレートのお菓子作りに使う道具

A. ボウル
熱が伝わりやすいステンレス製のものがおすすめです。湯せんにかけるときや氷水で冷やすときもすぐに温度が伝わります。深さがあるものを大小そろえるとよいでしょう。

B. 温度計
チョコレートを扱う際に欠かせないもの。テンパリングをはじめ、きちんと温度を測って作りましょう。

C. パレットナイフ
クリームを均一に塗り広げるときに使います。刃の長さが20〜23cmほどのものが便利です。テンパリングの状態を確かめるときにも使用します。

D. 手袋
手の温度が直接伝わらないため、チョコレートを扱う際にあると便利です。調理用のゴム手袋を使います。ガナッシュを丸めたりする際に使うと手が汚れません。

E. フォーク
丸めたガナッシュやフルーツをチョコレートにくぐらせる際に使います。専用のトリュフフォークをそろえても。

F. ハケ
ケーキ生地にシロップを塗る際などに使います。使用後は洗剤を使ってよく洗い、しっかり乾燥させてから保管します。

G. 泡立て器
泡立てたり、混ぜたり、お菓子作りに欠かせない道具。ワイヤーがしっかりしているものでステンレス製がおすすめです。

H. ゴムベラ
ボウルにしなやかになじみ、チョコレートや生地をしっかり混ぜるときや型に流し入れる作業に欠かせません。耐熱性のものがあると便利です。

I. 絞り出し袋・口金
トリュフを作る際にガナッシュを絞り出したり、デコレーション用のクリームを絞ったり、焼く前のシュー生地などを絞るのにも使用します。口金は丸口金と花口金があると便利です。

J. 型
ケーキや焼き菓子に使います。この本では、パウンド型やクグロフ型、タルト型などを使っています。

K. ケーキクーラー
焼きあがったケーキや焼き菓子を冷ますために使います。網目が細かいものがおすすめです。

おわりに

金色の紙に包まれたチョコレート。

子どもの頃、チョコレートは少しだけ特別なおやつだったように思う。
少しずつ少しずつ食べて、
最後のひとかけらになってしまうと、
さらにそれを半分にして、
なくなってしまうと本当にさみしかったっけ。

ゆっくりとやさしくチョコレートを溶かしている時間は、
まるで魔法使いがとっておきの薬を調合する時のような気分になる。
魔法にかかるくらいおいしいお菓子を作るぞ。
そんな使命感があふれてくるのだ。

カカオの香りが広がるキッチンで、
さあ今日もチョコレートのお菓子をつくろう。

坂田 阿希子

坂田 阿希子　Akiko Sakata

料理家。強靭な胃袋を持つ食いしん坊一家に育ち、料理家を目指す。フランス菓子店、フランス料理店で経験を重ね独立。料理教室「studio SPOON」主宰。『SPOON 坂田阿希子の料理教室』『バゲットが残ったら』（ともにグラフィック社）、『CAKES』（NHK出版）など著書多数。
旅好き、猫好き、そしてチョコレート好き。
http://www.studio-spoon.com

撮影協力
AWABEES　tel.03-5786-1600
UTUWA　tel.03-6447-0070

STAFF
撮影　　　　　日置 武晴
スタイリング　鈴木 亜希子
デザイン　　　本田 喜子
編集　　　　　小池 洋子（グラフィック社）

チョコレートのお菓子　小さなチョコレートから大きなケーキまで㉛のレシピ

2019年1月25日　初版第1刷発行

著　者　　坂田 阿希子
発行者　　長瀬 聡
発行所　　株式会社グラフィック社
　　　　　〒102-0073　東京都千代田区九段北1-14-17
　　　　　tel.03-3263-4318（代表）　03-3263-4579（編集）
　　　　　郵便振替 00130-6-114345
　　　　　http://www.graphicsha.co.jp
印刷・製本　図書印刷株式会社

定価はカバーに表示してあります。
乱丁・落丁本は、小社業務部宛にお送りください。小社送料負担にてお取り替え致します。
著作権法上、本書掲載の写真・図・文の無断転載・借用・複製は禁じられています。
本書のコピー、スキャン、デジタル化等の無断複製は著作権法上の例外を除き、禁じられています。
本書を代行業者等の第三者に依頼してスキャンやデジタル化することは、たとえ個人や家庭内での利用であっても著作権法上認められておりません。
ISBN 978-4-7661-3270-0　　Printed in Japan